© 1990, l'école des loisirs, Paris
Loi numéro 49 956 du 16 juillet 1949 sur les publications
destinées à la jeunesse : mars 1990
Dépôt légal : février 2016
Imprimé en France par Loire Offset Titoulet à Saint-Étienne
ISBN 978-2-211-03720-4

PHILIPPE CORENTIN

L'AFRIQUE DE ZIGOMAR

l'école des loisirs
11, rue de Sèvres, Paris 6ᵉ

« Dis, maman ! pourquoi Ginette part-elle pour l'Afrique et pas nous ? »
« Parce que ton amie est une hirondelle et que les hirondelles
se nourrissent d'insectes et qu'en hiver il n'y a d'insectes qu'en Afrique »,
répond la souris à son souriceau.

«Si, pour aller en Afrique, il suffit de manger des insectes,
je veux bien en manger!» insiste Pipioli le souriceau.
«Tais-toi, gros bêta! Nous ne sommes pas des insectivores,
nous sommes des granivores. Pas besoin d'aller en Afrique!»
«Ce n'est pas juste! Je veux aller en Afrique!» s'obstine Pipioli.

Pipioli est triste. Il aide son amie Ginette à faire ses valises.
Elle, elle part demain pour l'Afrique.
«Et si tu m'emmenais sur ton dos?» lui suggère Pipioli.
«Tu ne veux pas?»
«Faisons un essai», consent Ginette.

Mais Ginette est trop petite et Pipioli trop lourd.
«Il te faudrait un oiseau migrateur beaucoup plus gros,
comme le coucou», lui conseille Ginette. «Mais tu ne
verrais rien, car il voyage de nuit, ça serait dommage…
Il y a des oies, mais elles volent tellement haut
que tu serais gelé avant d'arriver… Il y a les cigognes,
c'est grand, c'est confortable, mais…»
Pipioli n'attend même pas que Ginette termine
sa phrase. Il se précipite chez les cigognes.

Les cigognes sont des oiseaux souriants et très aimables.
C'est du moins l'impression qu'en a Pipioli.
« Voilà ! » dit-il timidement, impressionné par la taille
de leurs becs, « j'aimerais que vous m'emmeniez
en Afrique… »
Pipioli s'interrompt. Il vient d'apercevoir
le plat posé sur la table.
« Des mangeuses de souris ! » s'écrie-t-il.
Il n'a que le temps de sauter hors du nid.

Pipioli a de la chance. Il tombe sur son vieil ami le merle Zigomar.
«Toi qui connais tout, tu connais l'Afrique?» lui demande Pipioli
qui a de la suite dans les idées.

«Quoi? Moi? Évidemment!»

«Tu y as déjà été?» s'exclame Pipioli qui voit déjà
son rêve réalisé.

«Moi? Non! Pourquoi aurais-je été en Afrique?»

«Mais tu saurais y aller?» l'implore Pipioli.

«Écoute petit: où une hirondelle va, Zigomar
peut aller!» répond le merle avec assurance.

Dès le lendemain, au petit matin, ils décident de partir.
«Attention aux coups de soleil!» leur a dit mère souris.
Zigomar, son passager sur le dos, prend son élan pour décoller.
«Hep! hep! Attendez-moi!» crie une grenouille. «J'ai entendu
votre conversation hier soir.
L'Afrique, les éléphants,
les singes et tout et tout,
ça doit être rigolo!
Je peux partir avec vous?»

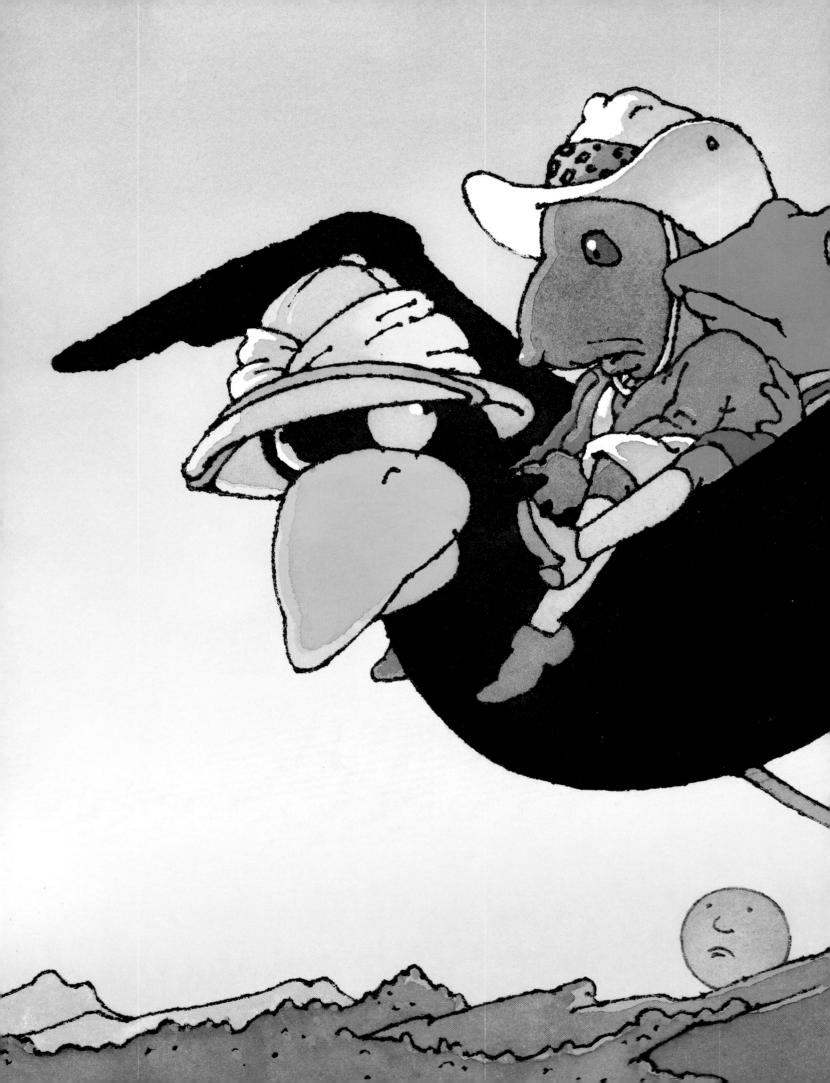

Le décollage a été difficile, mais les trois amis
sont maintenant à bonne hauteur.
« Dis, Zigomar, connais-tu le chemin ? » s'inquiète Pipioli.
« Ne t'en fais pas, Zigomar s'est renseigné », le rassure le merle.
« C'est simple : pour savoir où est le sud,
tu regardes où se lève le soleil, tu vas tout droit
et au premier éléphant c'est l'Afrique. »

«Et comment reconnais-tu un éléphant?» s'inquiète à son tour la grenouille.
«À ses défenses, mademoiselle! Zigomar reconnaît un éléphant
à ses défenses!» rétorque Zigomar d'un ton sans réplique.

« Dis donc ! Ça n'étaient pas des oies qu'on vient de croiser ? »
demande Pipioli.
« Oui ! et alors ? » dit Zigomar.
« Mais elles ne vont pas en Afrique, les oies ? » s'étonne la grenouille.

«Si, mais les oies sont bêtes. Elles ont dû oublier quelque chose, alors elles ont fait demi-tour», ricane Zigomar. «Tenez! Voilà la mer, l'Afrique n'est plus loin.»

« L'Afrique ! L'Afrique ! »
Les deux passagers sont réveillés en sursaut par les cris de Zigomar.
« Là ! Un éléphant ! » s'exclame Zigomar. « Regardez ses défenses ! »
« Tu es sûr que c'est un éléphant ? » dit la grenouille. « Je ne voyais
pas ça comme ça ! »
« Moi non plus ! » dit le souriceau.

« Regardez ! Des singes ! »
s'esclaffe Zigomar. « Comme
ils sont drôles ! »
« Je ne voyais pas ça
comme ça ! » dit Pipioli déçu.
« Moi non plus ! » dit la
grenouille. « Et en plus
on n'a pas de chance :
il neige. »

«Attention!» hurle Zigomar. «Des crocodiles!»
Les trois amis réussissent à s'envoler juste à temps.
«Je ne voyais pas ça comme ça!» constate une nouvelle fois Pipioli.
«Non mais, ça veut dire quoi, ça, je ne voyais pas ça comme ça?
Vous n'êtes jamais contents!» s'insurge Zigomar. «Continuez à mettre
ma parole en doute et vous rentrerez à pied! Parole de Zigomar!»

« Regardez ! Regardez ! Un indigène devant sa case ! » s'écrie Zigomar qui s'émerveille de tout. « Et là, un hippopotame ! »

« Alors là, je ne voyais pas du tout ça comme ça ! » dit Pipioli.

« Moi non plus ! » dit la grenouille. « Tu es sûr de ne pas t'être trompé de direction ? »

« C'en est trop ! » s'indigne Zigomar. « Je vous avais prévenus, j'atterris et vous rentrez tous les deux à pied ! »

Zigomar, furieux, se pose et fait descendre les deux insolents.
« Avoue quand même qu'elle est bizarre, ton Afrique ! »
se défend Pipioli.
Zigomar s'apprête à remettre l'impertinent à sa place.
Il n'en a pas le temps.
« Un lion ! » hurle-t-il. « Sauvons-nous ! »
Mais la glace a alourdi ses ailes, il n'arrive pas
à prendre son envol.
« Poussez ! Poussez ! » s'essouffle Zigomar qui dérape
sur la piste verglacée. « Plus vite ! Plus vite ! »
Les trois explorateurs décollent
encore une fois de justesse.
Les griffes du fauve les ont frôlés.
Ils ont eu trop peur. Ils ont trop froid.
Ils décident de rentrer.

«Alors, c'était bien, l'Afrique?» demande la mère souris en voyant revenir les trois voyageurs.

«Oui, oui, pas mal», répond Pipioli.

«Oui, formidable!» ajoute la grenouille, «mais il faisait tellement froid qu'on se serait crus au pôle Nord!»